# LA FRANCE

TELLE

## QUE *M. KÉRATRY LA RÊVE;*

OU

ANALISE RAISONNÉE DE SA DERNIÈRE BROCHURE.

Par l'Auteur de la brochure intitulée :
*DU SYSTEME DES DOCTRINAIRES.*

**PARIS,**

CHEZ DELAUNAY, LIBRAIRE,
ET G. DENTU, LIBRAIRE,
AU PALAIS-ROYAL.

JANVIER 1821.

# AVANT-PROPOS.

—

M. Kératry nous annonce que ce pamphlet sera le dernier qu'il publiera jusqu'à ce que nous soyons rentrés dans la ligne constitutionnelle, et il fait des vœux pour qu'il puisse concourir à hâter ce moment. Je ne doute nullement que ce vœu ne soit sincère : car, dans un gouvernement représentatif, la *ligne constitutionnelle* n'étant autre chose, aux yeux des différens partis, que le système qui leur assure des places, des honneurs et de l'argent, je réponds bien que du jour où MM. les doctrinaires rentreront au Conseil-d'Etat,

M. Kératry trouvera le gouvernement le plus constitutionnel possible. Ecrira-t-il encore à cette heureuse époque? C'est plus douteux : il aura mieux à faire.

# LA FRANCE

## TELLE

## QUE *M. KÉRATRY* LA RÊVE.

## CHAPITRE PREMIER.

### Motifs de M. Kératry pour écrire.

J'AI fait dernièrement le pari qu'après avoir lu six pages d'un écrit politique quelconque, j'en nommerais l'auteur, pourvu que cet auteur occupât ou eût occupé une place ; qu'il eût de l'influence ou qu'il eût marqué de quelque manière que ce fût : je n'ai pas besoin de dire que je gagnai mon pari.

Je suppose que M. Kératry n'eût pas mis son nom à *la France telle qu'il la rêve*, et que je voulusse néanmoins en connaître l'auteur : la seule inspection du volume, sa grosseur et son prix me feraient déjà soupçonner un doctrinaire. A la seconde page, je trouve que *deux ans ne se sont pas encore écoulés depuis le jour où la France pouvait se flatter de marcher* VERS *un véritable régime constitutionnel ;* et je me dis : Il y a deux ans que les doctrinaires, sans jouir précisément du pouvoir, étaient cependant dans un assez beau chemin pour y arriver. L'époque correspond, donc l'ouvrage est d'un doctrinaire. En effet, il est dit que la France marchait *vers,* et non qu'elle marchait *dans* un régime constitutionnel, ce qui veut dire que les doctrinaires espéraient de gouverner, mais qu'ils ne gouvernaient pas encore.

Quelques lignes plus bas, je vois que l'état de la civilisation appelait une *démocratie tempérée :* ce n'est donc point M. Royer-Collard qui a écrit ce pamphlet ; car M. Royer-Collard a pu se laisser egarer par l'ambition ou l'amour-propre blessé ; mais instruit, et royaliste au fond, il n'aurait pas fait l'énorme sottise de confondre une *monarchie tempérée*, telle que la France ou l'Angleterre, avec une *démocratie tempérée*, telle que l'ancienne Rome ou les Etats-Unis. Ce n'est pas non plus M. Guizot, car le style, moins obscur que le sien, est plus rempli de fleurs de rhétorique, de comparaisons poétiques et de citations pédantesques. Or, comme il n'y a guère que t rois doctrinaire.

en France, il ne reste plus que M. Kératry, que d'ailleurs les opinions républicaines, répandues dans cet ouvrage, désignent suffisamment.

Je m'étonne en effet que l'on se permette d'écrire aujourd'hui en France que l'état de la civilisation appelle une démocratie tempérée. Non, non, jamais, tant que la France existera, ses mœurs, sa civilisation, ses opinions n'appelleront une démocratie quelconque. On peut vouloir donner un peu plus ou un peu moins d'influence à la partie populaire de la nation, mais la France est, grâce au Ciel, encore plus éloignée de la démocratie que du despotisme. J'appelle démocratie le gouvernement du grand nombre, c'est-à-dire le plus exécrable gouvernement que les hommes aient pu imaginer. Une démocratie tempérée est celle où le grand nombre ne gouverne que par ses représentans, ou bien celle où un grand corps privilégié balance le pouvoir du grand nombre. Or, rien de tout cela ne peut ni ne doit exister en France. La Charte n'a jamais eu l'intention d'accorder au grand nombre une part dans le Gouvernement. Le Ciel nous en préserve! Elle a voulu que les impôts nouveaux et les lois fondamentales reçussent le consentement des propriétaires légalement représentés. Voilà le but

de la Charte ! Tout ce que l'on demande au-
delà sont des empiétemens auxquels les peu-
ples, comme les enfans, ne sont que trop portés,
surtout quand des ambitieux les y poussent.

En veut-on une preuve évidente ? « Hier,
dit M. Kératry, le peuple, portion intégrante
du pouvoir, sous la protection de son Roi,
commettait à qui bon lui semblait le dépôt de
ses libertés ; et aujourd'hui, dénaturant l'expression primitive du contrat social, vous com-
binez la loi essentielle, la loi universellement
créatrice, de manière à le jeter dans une nul-
lité politique. »

Autant de mots, autant de faussetés. Le peuple n'a jamais été portion intégrante du pouvoir.
Cette idée est contraire à toutes celles que l'on
se forme d'une monarchie tempérée. Le Roi est
le seul pouvoir ; mais il ne l'exerce pas d'une
manière absolue. La forme du gouvernement
impose certaines restrictions à cet exercice :
voilà tout. Ces restrictions forment les libertés
du peuple. Hier, il en commettait le dépôt à
qui bon lui semblait, et il en fait de même aujourd'hui. On n'a point dénaturé l'expression
du contrat social, d'abord par la bonne raison
que la Charte n'est point un contrat, et secon-
dement parce que la Charte dit expressément

qu'une loi *réglera* les élections. Or, des deux choses l'une ; ou la loi ancienne était la seule possible, ou il était permis de la changer sans dénaturer la Charte, dont cette loi ne faisait point partie, quoique l'on se soit permis de lui donner le nom de Charte électorale.

Personne ne soutiendra que l'ancienne loi des élections fût la *seule* possible. M. Kératry sera le premier à convenir du contraire quand on lui aura rappelé que l'influence ministérielle a été bien plus forte encore les années précédentes que celle-ci. A la vérité elle agissait dans le sens de M. Kératry, mais il est beaucoup trop sincère pour la nier. Croira-t-il d'ailleurs qu'il fût possible de faire une loi des élections où l'influence ministérielle fût *nulle?* Croira-t-il qu'une telle loi fût désirable ? Ne serait-elle pas essentiellement contraire au gouvernement représentatif, dont elle entraverait la marche, en le mettant sans cesse à la merci des ambitieux sans place et qui veulent en avoir ? D'ailleurs, de quel droit M. Kératry soutient-il que, sous l'empire de l'ancienne loi, *le peuple* commettait le dépôt de sa liberté à qui bon lui semblait ? Pourquoi trois cents francs d'impositions donnent-ils plus de droit au titre de citoyen que deux cent cinquante ? Trois cents francs d'impositions ne sont rien, moins que rien à Paris, tandis qu'il y a plus de vingt départemens en France où la fortune représentée par deux cent cinquante francs, suffit pour la subsistance d'une famille honnête et indépendante. Cependant cette famille ne commettait à personne le dépôt des libertés qu'elle ne possédait point : car de nos jours on n'entend plus par libertés le repos, la sûreté et le bonheur, mais l'ambition, la richesse et le pouvoir. Je dirai plus, le changement que l'on a fait dans la loi des élections est essentiellement favorable à la partie non représentée du peuple : car il est reconnu que les intérêts des très-grands propriétaires et ceux des très-petits sont les mêmes, tandis que les moyens propriétaires ont des intérêts assez généralement opposés aux uns et aux autres. C'est pour cela que le patronage des grandes familles introduit dans le parlement anglais les membres les plus indépendans ; c'est pour cela encore que dans les Etats de l'ancienne république des Provinces-Unies, le corps équestre était censé représenter les petits propriétaires, et les représentait bien. Donc, plus on fera entrer de grands propriétaires dans notre Chambre basse, plus les intérêts de la masse de la nation seront défendus contre l'ambition et les vues personnelles de ceux qui couvrent d'un masque de bien public leur soif de puissance. Les intérêts de cette masse sont intimement liés à la force du gouvernement et à l'intégrité du pouvoir royal, véritable bouclier du peuple *non représenté*, qui, dans tout gouvernement *représentatif,* forme les dix-neuf vingtièmes de la nation.

En réfutant naguère l'ouvrage de M. Guizot, je crois avoir démontré que l'existence simultanée des priviléges et de la Charte n'impliquait *point* contradiction. J'ai dit que la Charte elle-même n'était qu'un code des priviléges : c'est-à-dire qu'elle fixait ceux dont chaque classe particulière de la société avait droit de jouir dans sa position. A la vérité, M. Kératry ne parle point *des* priviléges, mais *du* privilége, comme si le privilége, pris dans un sens absolu, avait une signification autre part que dans l'imagination de l'écrivain. Je sais que, par-là, M. Kératry entend l'existence d'une classe plus particulièrement privilégiée sous le nom de noblesse; mais il ne le dit point, parce qu'il n'a pas osé le dire; parce qu'il sait que les expressions vagues ont beaucoup plus d'effet sur la multitude; parce qu'il sait qu'au fond il ne s'agit point de rétablir les priviléges anciens de la noblesse, mais surtout parce qu'il sait qu'une noblesse privilégiée, d'une manière ou d'une autre, effectivement ou tacitement, par les lois ou par les usages, est inséparable d'une *monarchie* tempérée ; aussi est-ce apparemment pour cela que M. Kératry prétend que nous voulons d'une *démocratie* tempérée : M. Kératry est conséquent !

Fidèle au système des doctrinaires, M. Kératry nous dit encore, comme M. Guizot, que la Charte est le *sacrement* de la révolution : le mot est heureusement trouvé. J'ai dit, et je répète que la Charte détruit au contraire tout ce qu'il a été possible de détruire de la révolution. Il suffit, pour cela, d'une seule observation. La Charte est en opposition directe avec la constitution de 1791. Elle ne conserve donc point une révolution dont cette constitution était le but et l'expression. Cela est si vrai, que l'Espagne et Naples, malgré l'exemple cruel des erreurs de la France, qui auraient dû leur servir de leçons, ont voulu, veulent encore et ne veulent que la constitution de 1791 avec toutes ses énormes absurdités, et que Naples surtout préfère courir toutes les chances d'une guerre meurtrière, plutôt que de se rapprocher de la constitution de la Charte. Donc la révolution ne voulait point la Charte, donc la Charte ne la consacre point. D'ailleurs la révolution ne dit-elle pas qu'elle veut une *démocratie* tempérée? et n'est-ce pas une *monarchie* tempérée que la Charte nous donne?

Le but que M. Kératry s'est proposé est « de se retrancher dans la Charte ( nous avons déjà vu qu'il a franchi ses retranchemens dès son introduction ), et de montrer qu'on en a rejeté l'esprit ; qu'il ne règne ni dans la diplomatie française, ni dans l'armée, ni dans l'administration civile, ni dans celle de la justice, encore moins dans la double distribution du pain de vie que le culte offre aux fidèles, et de l'instruction que la société doit à la jeunesse chargée de la perpétuer. »

Je vais suivre M. Kératry dans tous ses chapitres, et voir s'il accomplit les promesses qu'il a faites.

# CHAPITRE II.

### Des relations de la France (Kératrienne) avec les Puissances étrangères.

D'APRÈS un mode de raisonnement qui n'est que trop ordinaire à ceux qui ne se sentent pas très-forts dans leurs argumens, M. Kératry divague beaucoup dans ses chapitres, qui rarement remplissent ce que leurs titres annonçaient. Ainsi à l'occasion des relations de la France avec les puissances étrangères, il nous dit que le Roi à son retour aurait pu prendre la place de Buonaparte et se servir des institutions formées par lui ; il ajoute que ne l'ayant pas fait, il était indispensable de désappointer un parti, et que c'était le parti le plus faible qu'il fallait désappointer, ce qui pouvait être très-politique, mais ce qui certes n'était ni équitable ni moral, surtout si la justice se trouvait par hasard du côté du plus faible. Il nous apprend ensuite une grande nouvelle ; c'est que les royatistes se taisaient il y a quelques années. Or il est faux que les royalistes se soient jamais tu, excepté quand on leur a fermé la bouche, et il est certain au contraire que ce sont les discours et les écrits des royalistes, remplis d'argumens forts, vrais, irrésistibles, qui ont fait évanouir les vains prestiges des charlatans politiques, qui ont ouvert au gouvernement les yeux sur ses véritables intérêts, et qui forcent aujourd'hui M. Kératry à annoncer que ce pamphlet sera le dernier qu'il publiera jusqu'à ce qu'il rentre en place. Je parle des écrits royalistes dans le temps où la censure ne gênait ni les uns ni les autres ; où les libéraux pouvaient en toute liberté déposer dans la France et dans les pays étrangers les semences des révolutions qui déjà ont produit leurs fruits. C'est alors qu'obligés de lutter corps à corps avec les écrits royalistes, *la Minerve*, *le Constitutionnel*, *le Courrier*, *la Renommée*, pour ne pas pâlir devant eux, transformèrent en invectives grossières les faibles lueurs de raisonnement avec lesquelles ils avaient pendant quelque temps ébloui leurs partisans égarés par la passion.

« A la rigueur, dit M. Kératry, il était possible que les Bourbons se dispensassent de donner la Charte ; mais il est bien plus probable qu'on la leur eût demandée. » Quatre pages auparavant je vois « qu'il y avait un autre parti auquel on pouvait s'attacher : c'était de s'asseoir à la place vacante et de dire à chacun de garder la sienne. *Le prince eût régné*, et la liste civile bien administrée eût payé la dette sacrée du malheur. C'est ce que M. Fouché conseilla. » Il est certain que si les Bourbons eussent suivi le conseil de M. Fouché, *on* ne leur aurait point demandé la Charte. S'est-*on* avisé de la demander à Buonaparte ? Je crois que l'*on* aurait été mal reçu ; il est du moins certain que sous Buonaparte, M. Kératry n'aurait pas publié sa brochure. Ne trouvez-vous pas aussi passablement naïve cette phrase, *le prince eût régné* ? Le prince ne règne donc point aujourd'hui. Cela ne doit pas nous étonner de la part de M. Kératry, qui veut voir en France une *démocratie* tempérée.

Jusqu'à présent il n'a pas trop été question des relations extérieures. Ce n'est pas ma faute : je ne puis tirer des chapitres de M. Kératry que ce qui s'y trouve. Il finit cependant par en parler, et il n'y raisonne pas mieux que dans le reste. Il prétend que nos ambassadeurs, dans les cours étrangères, doivent représenter la *nation* et non le prince ; qu'ils doivent parler au nom de la *nation*, et que c'est le moyen de la faire respecter en Europe. Je répondrai que l'Europe a suffisamment déclaré et répété qu'elle ne connaissait point de nation séparée de son prince, et que le prince était pour elle le seul représentant légal de la nation. Si je pouvais croire que M. Kératry fût de bonne foi dans ce qu'il dit à ce sujet, j'observerais qu'en Angleterre, notre modèle en fait de gouvernement représentatif, les ambassadeurs parlent au nom du Roi *seul.* Le Roi *seul* déclare la guerre et fait la paix. *Le parlement ne ratifie point les traités.* Cet argument est péremptoire. Quand une guerre lui déplaît, il peut refuser les fonds nécessaires pour la conduire ; quand un traité lui paraît onéreux, il met en accusation les ministres qui l'ont signé : mais c'est à cela que se borne son influence ; il ne peut pas même empêcher les levées d'hommes, autrement qu'en refusant le budget du ministre de la guerre. Il est donc juste, convenable, conforme aux principes, que les représentans du souverain ne reçoivent d'ordre que de lui et ne rendent compte qu'à lui de leur mission ; et si, comme le veut M. Kératry, on choisissait pour les places d'ambassadeurs des hommes prêts à faire respecter la *nation*, et surtout cette partie de la nation que M. Kératry affectionne et à laquelle il voudrait immoler la *minorité*, on ne tarderait pas à voir s'établir une correspondance réglée entre les ambassadeurs et la chambre des communes, le Roi ne serait plus rien ; il ignorerait également ce qui se passe et chez lui et dans les pays étrangers, et l'Etat retomberait dans la révolution, c'est-à-dire dans la constitution de 1791 ou dans la démocratie tempérée.

M. Kératry veut prouver que la France n'a aucune influence en Europe, et pour cela il exhume un protocole du congrès de Vienne de 1814. Or en 1814 la France ne devait ni ne pouvait avoir d'influence. Elle en a aujourd'hui autant qu'il est juste qu'elle en ait. Elle ne fait pas la loi, comme sous Buonaparte, mais elle y contribue ; et surtout depuis qu'elle est ce que M. Kératry appellé *hors* de la ligne constitutionnelle, c'est-à-dire *dans* celle de la justice, de la raison et de la nature, elle jouit dans les réunions des souverains de la prépondérance qu'on ne pourra jamais lui refuser.

Confondant la vérité avec l'erreur, M. Kératry dit qu'on a vu tour à tour Rastadt, Vienne, Aix-la-Chapelle, *Troppau*, nous agiter de craintes. Que les congrès de Vienne et d'Aix-la-Chapelle aient occasioné en France des in-

quiétudes, la chose était simple, et la cause
évidente. D'abord c'étaient spécialement les
affaires de la France qui s'y traitaient, et d'ailleurs la France était dans la ligne constitutionnelle de M. Kératry : cela seul suffisait pour
inspirer des craintes au monde et à elle-même.
Mais il est faux, de toute fausseté, que le congrès de Troppau ait causé la plus légère agita-
tion en France, si ce n'est peut-être à ceux qui,
méditant en France une révolution semblable à celles de l'Espagne et de Naples, voyaient
à regret que cette assemblée allait établir les
bases d'une coopération de souverains qui ren-
draient leurs projets impraticables. Non, le
congrès de Troppau n'a causé aucune inquiétude. Pendant sa durée, le commerce a fleuri,
les manufactures ont eu du débit, les rentes
n'ont cessé de monter, et c'est un vaisseau
français qui a escorté le vénérable souverain
des Siciles, durant un voyage qui lui sauvera la
couronne, et peut-être la vie.

Le chapitre dont je m'occupe présente une
foule de ces assertions aussi perfides que hasar-
dées, dont fourmille l'ouvrage de M. Kératry.
Je citerai seulement ce qu'il dit au sujet du
prétendu comité autrichien, et de la conséquence qu'il en tire pour admettre le gouver-

nement occulte de **M. Madier Montjau**, qui,
du reste, est comme de raison l'objet de sa
plus profonde admiration.

Mon intention n'étant pas de donner à mon
ouvrage autant d'étendue que **M. Kératry** en a
donné au sien, je termine ici ce chapitre, en
prévenant que je n'ai pas, à beaucoup près,
relevé tout ce que j'y ai trouvé de répréhensible.

## CHAPITRE III.

### De l'armée de M. Kératry.

LES révolutions d'Espagne, de Naples et de
Portugal s'étant faites par les armées de ces divers royaumes, il est tout simple que nos libéraux d'aujourd'hui mettent une haute importance à l'armée. Déjà depuis quelques mois on
a remarqué, non sans surprise, que les mêmes
personnes qui, jadis en Angleterre, déclamaient
le plus hautement contre l'armée permanente,
se montrent présentement ses admirateurs les

plus zélés. Il en est de même en France. Rien
ne saurait être plus opposé à la démocratie
qu'une armée considérable, et cependant M. Kératry, inconséquent en ce seul point, ou du
moins inconséquent en apparence, voudrait
nous voir trois cent mille hommes sous les armes. Il prétend que les notes que nous présen-
terons au congrès de Laybach devront « sentir
quelque peu l'odeur de la giberne. » Tudieu,
quel républicain! Mais serait-il donc possible
que M. Kératry ignorât qu'une armée permanente considérable a toujours tué la liberté?
Non, il ne l'ignore pas; mais il a ses raisons
pour sacrifier la liberté publique. D'abord il
faut qu'il flatte la vieille armée, parce qu'il la
croit ou la veut rendre mécontente, et parce
que les doctrinaires sont mécontens; ensuite,
l'armée, dans l'état où elle se trouve aujour-
d'hui, est véritablement fidèle et attachée au
prince, et quoique, d'après la Charte, le Roi soit
le chef de l'armée et la source de l'avancement,
M. Kératry, qui veut une démocratie tempérée, serait bien aise que l'armée, comme les
ambassadeurs, fût aux ordres de la chambre
des communes, afin qu'elle pût un beau jour
ordonner au Roi de changer sa Charte ou d'y
faire une très-légère modification : par exem-

ple, d'abolir la pairie qui est un *privilége*, et de réduire le droit d'initiative au véto suspensif : car alors la révolution aurait réellement triomphé, et la nouvelle Charte, entée sur la première, serait sans contredit le *sacrement* de la révolution. Les armées du midi ont si bien mérité de leurs patries respectives et du libéralisme en général, que je gage que nos libéraux donneraient toute la gloire de Marengo, d' Wagram et d'Austerlitz pour une petite expédition à la façon de Quiroga et de Pépé.

On a tant dit, tant écrit au sujet de l'usurpation des cent jours qu'il est presque inutile que je répète encore que *la France ne fut point à Waterloo.* « Il n'y a pas de serment qui puisse obliger un peuple à attendre patiemment une invasion, » dit M. Kératry ; mais il oublie que l'invasion était faite ; que Buonaparte était l'envahisseur, et que la nouvelle invasion était au contraire la liberté qui rentrait. Où en serions-nous, grand Dieu! si chaque brigand qui pourrait traverser en dévastateur notre pays, devenait le centre légitime de notre amour, par cela seul qu'il possède nos villes et nos campagnes? « Je suis homme avant d'être sujet d'un royaume ou citoyen d'un Etat libre, » ajoute M. Kératry. Cette maxime conduit à la conclusion directement opposée à celle qu'il en voudrait déduire. Je conviens que l'on est homme *avant* d'être citoyen ; mais du moment que l'on devient citoyen, la qualité d'homme se perd et se fond dans celle-ci. On doit l'oublier tout entière si l'on veut remplir ses devoirs envers sa patrie. C'est ainsi qu'en agissaient les Spartiates et les Romains. Si Brutus avait dit qu'il était homme avant d'être citoyen, il n'eût point condamné ses fils.

On sent bien que je n'offre pas l'exemple de Brutus comme un modèle à suivre de nos jours; mais il est certain que celui qui se prétend républicain, et qui dit qu'il est homme avant d'être citoyen, se trompe de la manière la plus complète. Il n'est ni homme ni citoyen. Il n'est rien qu'un égoïste. Ce sont de pareilles maximes par lesquelles on soutient et l'on défend le gouvernement de fait, doctrine la plus facile du monde pour ces ambitieux masqués qui veulent parvenir, au moyen de paroles et d'intrigue, et qui ne sacrifieraient au bien de leur pays ni *femme*, ni *enfans*, ni *fortune*. On est sûr de conserver et même d'augmenter ses biens et son pouvoir en soutenant le gouvernement de fait. On court risque à la vérité de dire blanc aujourd'hui et noir demain , mais qu'importe?

L'organisation donnée à l'armée par le maréchal Gouvion Saint-Cyr est, comme on doit s'y attendre, l'objet de l'admiration de M. Kératry, et les changemens qui y ont été faits, ceux de ses regrets les plus vifs. La dernière ordonnance excite surtout sa bile. Il était tout simple qu'en disant que *la France* avait été à Waterloo, M. Kératry jugeât que les militaires, qui avaient tout sacrifié, leurs *femmes*, leurs *enfans*, leur *fortune* et leurs *espérances* pour n'y point aller, fussent les seuls traîtres: qu'en conséquence au retour du Roi, les soldats qui l'avaient trahi obtinssent la préférence sur ceux qui lui étaient restés fidèles, dussent-ils le trahir une seconde fois. L'amnistie en faveur de ceux qui étaient allés à Gand devait être à ses yeux le *nec plus ultrà* de l'équité et de la constitutionnalité. Tout cela se trouve dans sa brochure directement ou implicitement. Indépendamment de cela , puisque M. Kératry veut que les ambassadeurs représentent la *nation* , il veut par la même raison que l'armée obéisse à la *nation* , que le Roi n'en soit le chef que sur le papier, et que l'avancement ne dépende en rien de lui. Par suite l'armée deviendrait agissante et délibérante. Tant mieux, nous en serions plus près d'une révolution moitié militaire, moitié libérale. N'est-ce pas une chose admirable que ces grands républicains n'aspirent qu'à nous ramener aux temps où les gardes prétoriennes disposaient des empires ?

Je partage assez l'avis de M. Kératry sur un point : c'est qu'une guerre nationale, ordonnée par un Bourbon, serait la manière la plus certaine d'effacer toutes les nuances des partis qui divisent la France ; mais remarquez bien qu'il faudrait que ce fût réellement une guerre nationale, et je doute fort que M. Kératry et moi nous nous entendions ici sur le sens du mot national. Selon moi, aucune des guerres de Buonaparte ne l'était. Je dis *aucune*, et je le dis avec intention : car il faudrait que celle qu'un Bourbon ordonnât n'eût rien de commun avec celles dont nous sortons, ou elle perdrait tout l'effet avantageux que l'on en pourrait tirer. Ne dites donc point à la nation qu'elle est intéressée à laver de récentes injures : quelles sont ces injures ? D'avoir été victorieuse d'abord et vaincue ensuite ? Cela n'entre-t-il pas dans les chances ordinaires de la guerre ? Celle que les puissances étrangères lui ont faite était-elle injuste ? Ces puissances ne combattaient-elles pas pour leur liberté et leur indépendance, et nous ont-elles privé de la nôtre ? Si cette *nation* que vous appelez *la France* n'eût pas été à Waterloo, ne serait-elle pas, encore aujourd'hui, en possession des plus beaux trophées de ses conquêtes ? Pourquoi, comment en a-t-elle été privée ? Je le répète donc, elle n'a point d'injures à laver ; et une guerre, entreprise *sous ce prétexte*, ne serait point, ne pourrait point être nationale, car elle serait injuste, et les honnêtes gens seraient réduits à la cruelle alternative qu'ils éprouvaient sous Buonaparte. Ils désiraient les succès de nos armées, et ne pouvaient s'en réjouir, tandis que nos revers leur causaient une douleur, aggravée par l'idée qu'ils étaient mérités.

Par une prosopopée assez hardie, M. Kératry suppose que Buonaparte, après le 20 mars, aurait adressé aux Français un discours dans lequel il aurait dit qu'il ne revenait point pour régner, mais pour leur aider à défendre leurs femmes, leurs enfans, leur belle et malheureuse patrie, *car tout cela était en péril.* Il eût ensuite déposé sa couronne sur l'autel, comme

Philippe-Auguste, afin qu'elle fût adjugée au plus digne. « Avec de pareilles paroles, ajoute « M. Kératry, on n'est pas vaincu. »

Je prie mes lecteurs d'observer que M. Kératry, malgré son amour pour la démocratie tempérée, proteste partout de son respect pour la légitimité. D'après cela, je me crois en droit de lui demander comment il accorde ce respect avec la supposition qu'il vient de faire. Il existe un Monarque légitime. Un étranger, que personne ne demande, survient, chasse le Monarque légitime, et fait un beau discours, dans equel il dit qu'il ne vient point régner ( je le crois bien ), mais qu'il vient aider à défendre la patrie en péril ( c'est - à - dire qu'il a mise en péril, en venant où il n'avait que faire ) : puis, oubliant le Monarque légitime qui existe toujours, il dit à la nation de *donner* la couronne au plus digne. En vérité, M. Kératry, vous avez laissé percer le bout de l'oreille, et vous me permettrez de ne pas trop croire à votre respect pour la légitimité et les Bourbons, après avoir lu ce passage de votre brochure.

Du reste, ce n'est point une boutade passagère, il suit sa supposition ; il peint Buonaparte, au 20 mars, comme un autre Judas Macchabée ; à la vérité il rêve que ce même Buonaparte, après le gain de la bataille de Waterloo, aurait rappelé Louis XVIII...... Que ne restait-il donc à l'île d'Elbe ? Il faut vraiment être encore pire qu'un doctrinaire pour inventer de pareilles sornette.

Si l'on s'attend trouver une seule idée neuve, lumineuse, utile dans le chapitre de l'armée, on est dans une étrange erreur. M. Kératry est mécontent de l'organisation militaire actuelle, parce qu'elle redevient un peu trop royaliste pour lui ; en conséquence, il vante à l'excès celle de M. Gouvion-Saint-Cyr, et entremêle ses louanges de flagorneries aux soldats de Buonaparte : flagorneries si grossières, qu'elles en deviennent ridicules. C'est ainsi qu'il nous dit, page 67, que si nos guerriers n'ont point importé chez nous le gouvernement représentatif, c'est à l'ombre de leurs lauriers qu'il a pris racine. Je serais fort curieux de savoir ce que le gouvernement représentatif et *nos* guerriers, c'est-à-dire les guerriers de Buonaparte, ont de commun. Qu'ils regardent, s'écrie M. Kératry, leurs blessures, et qu'ils disent s'ils ont accepté cela *pour le privilége.* Oui, sans doute, et uniquement pour le privilége, non pour celui des autres, à la vérité, mais pour le leur. C'est au prix de leurs bles-

sures qu'ils ont acheté des croix, des baro-
nies, des *majorats*, oui, des *majorats*. Ce
même privilége, contre lequel vous déclamez
aujourd'hui, fut recréé pour ces guerriers dont
vous voulez faire des républicains. A Dieu ne
plaise que je ne leur en fasse un reproche !
Mais, de grâce, M. Kératry, ne leur cherchez
pas des mérites imaginaires ; ils en ont assez
sans ceux que vous voulez leur donner.

## CHAPITRE IV.

### Du Gouvernement intérieur de M. Kératry.

La question des biens nationaux étant la plus
importante à l'égard du gouvernement inté-
rieur, c'est par *apurer* cette question que
M. Kératry veut, dit-il, commencer ce chapitre. On juge bien qu'en l'*apurant*, il ne fait
que l'embrouiller ; et en effet, il est difficile
d'entasser un plus grand nombre d'hérésies
qu'il n'en réunit en discutant ce sujet. Il veut
trouver un droit où il n'existe qu'un fait, et

cette prétention ne peut manquer d'ouvrir la porte à une foule immense d'absurdités.

« La vente des biens nationaux fut un accident né de la *résistance.* »

La fuite n'est point une résistance. Il y aurait peut-être une ombre de raison, si l'on n'avait confisqué que les biens de ceux qui avaient porté les armes contre la *patrie.* Il existait un gouvernement de fait ; ce gouvernement avait, *à l'égard de lui-même,* le droit de confisquer les biens de ceux qui le combattaient ; mais comment ceux qui restaient tranquilles gênaient-ils ce gouvernement ? D'ailleurs les biens nationaux ne consistaient-ils qu'en biens d'émigrés proprement dits ? Et les guillotinés, quelle résistance ont-ils faite ? Une grande, une fort grande partie des biens confisqués et vendus ne proviennent-ils pas de la monnaie battue sur la place de la Révolution ? Et ceux qui, sans avoir jamais quitté la France, ont été, malgré leurs réclamations réitérées, maintenus sur les listes d'émigrés !

« Je commence par poser en principe que la société a le droit de régler comme elle l'entend le mode de possession des biens, même contre l'ordre naturel d'hérédité. »

Oui, pour l'avenir ; mais elle ne peut faire

( 27 )

un règlement rétroactif. D'après cela, l'exemple que cite M. Kératry, d'une certaine coutume de sa province, ne s'applique nullement au fait qu'il veut prouver.

« L'étranger menace ; on vous l'impute ; *vous connaissez les mesures prises contre vos propriétés ;* votre Roi, délaissé de ses plus fidèles serviteurs ( car vous aspirez tous à ce titre ), sent son péril ; il vous rappelle par l'organe de son ministre des relations extérieures, M. le comte de Saint-Priest ; il vous demande votre retour comme ami, il vous l'ordonne comme maître ; *vous n'en tenez compte.* »

Ici, au lieu de me servir de mes faibles moyens pour réfuter ce passage, je vais céder la parole à M. Kératry lui-même : je ne saurais prendre sans doute un plus habile avocat. Ce que je viens de citer se trouve à la page 69 ; ce qui suit est à la page 110. « Dans le second cas, on se soustrait aux tribunaux de son pays et on se laisse juger par contumace, *sauf à en appeler* et à errer obscurément sur une terre d'où l'on croit toute justice exilée. Qu'on y prenne garde ! *Quand ces actes se multiplient, ils deviennent une sorte de protestation contra l'ordre du moment*....... Nous ne blâmons pas ceux qui ont pris le parti de se dérober à des condamnations *qui par avance semblaient résolues*; nous ne dirons pas quelle serait notre conduite en pareille conjoncture. La loi suprême de la conservation individuelle n'est surmontée que par des âmes très-fortes et par un sentiment énergiquement religieux.... Vous ne trouverez pas tous les jours des hommes qui par pure soumission aux lois du pays s'obstinent à boire la ciguë. » Se peut-il, dira-t-on, que le même écrivain ait dans le même ouvrage placé deux raisonnemens aussi diamétralement opposés? Hélas! oui; et le motif en était simple, c'est qu'il fallait condamner les émigrés et justifier les cris séditieux. Vous voyez, mes chers lecteurs, qu'un doctrinaire a comme un autre deux poids et deux mesures. Mais je poursuis le chapitre des émigrés.

« Mettez-vous un instant à la place de vos adversaires; supposez qu'avec le désir de changer la forme du gouvernement que vous introduisez dans l'Etat, ils allassent aujourd'hui vous chercher des ennemis en Espagne, en Portugal, en Suisse, dans les Deux-Siciles; que pour résister à cette coalition, vous eus-

siez mis à l'encan les biens de ces agitateurs :
pensez-vous que leurs propriétés fussent injus-
tement aliénées ? »

Je ne relèverai point la perfidie qu'il y a à
comparer deux situations essentiellement diffé-
rentes; mais je demanderai quel motif, quel
prétexte ces adversaires auraient pour vouloir
changer la forme du gouvernement et pour lui
susciter des ennemis. Les assassine-t-on ? les
brûle-t-on ? les prive-t-on de leurs biens, de
leurs revenus, de leurs honneurs ou de leurs
plus minces prérogatives? les prisons en regor-
gent-elles ? Quand tout cela sera, j'engage
M. Kératry à réitérer sa question, et je lui répondrai. Mais je dirai davantage. En 1814,
sans motif ou prétexte quelconque, ils ont
fait ce que M. Kératry suppose. Une conspiration immense a été tramée sur toute la
surface du royaume pour changer la forme du
gouvernement et y introduire son ennemi mor-
tel; cette conspiration a été alimentée par les
biens mêmes qu'ils avaient précédemment confisqués sur nous. Et quand on les a eu vaincus,
exilés, a-t-on confisqué ou seulement repris
ces biens ? Non, sans doute. C'est qu'un gouvernement légitime est essentiellement juste,
même à son propre détriment, tandis qu'un

gouvernement révolutionnaire ne subsiste que de rapines et de spoliations.

« Seule au monde, continue M. Kératry, la patrie a le droit d'avoir des torts. » Et prévenant l'objection que l'on pourrait faire, il ajoute lui-même deux pages plus loin : « Dans les troubles civils, vous me demanderez peut-être où est la patrie? » Pour éclaircir cette difficulté, il cite Camille, qui dans le temps où Rome était au pouvoir des Gaulois, ne crut sa nomination au généralat légale que quand elle eût été validée « par les faibles débris du sénat et du peuple assiégés dans le Capitole, et qui était encore toute Rome à ses yeux. » Or je le demande à tout lecteur impartial, cet exemple ne prouve-t-il pas précisément le contraire de ce que M. Kératry en veut déduire? Ce sénat et ce peuple renfermé dans le Capitole, sans territoire et sans autorité, ne représentent certainement point un gouvernement de fait; c'est le véritable gouvernement légitime dans toute sa pureté. Je suppose que les Gaulois, maîtres de l'emplacement de Rome, eussent nommé un sénat et des consuls parmi les membres de la dernière centurie, Camille aurait-il attendu sa nomination d'eux ou du sénat légitime? M. Kératry a mal fait de rappeler le souvenir de Rome. En général ce n'est point dans les gouvernemens anciens qu'il faut chercher les exemples des grandes iniquités.

« Réparez vos pertes, nous le souhaitons, nous le désirons. Où le sol vous reste, donnez un abri à vos pénates. Nous consentons qu'ils relèvent leur front humilié..... »

Quelle condescendance !

« Quand vous avez redemandé à la terre de vos aïeux des murailles d'un aspect moins menaçant que vos donjons.... n'avez-vous pas vu vos compatriotes sourire à vos efforts et s'empresser d'apporter quelques matériaux à ce nouvel édifice de bonheur ?.... Ne soyez que propriétaires nouveaux, et nos vœux sont à vous. »

Témoin les jeunes plants de M. de Saint-Blimont.

« Il est bon, il est essentiel que l'on sache que la patrie a des moyens de répression contre ceux qui lui font du mal. Humiliez-vous devant son autorité, et ne maudissez pas les jugemens les plus rigoureux : car pareille à la main du Seigneur, c'est elle qui a frappé ; mais c'est elle aussi qui console. »

On sent bien que ce n'est point pour réfuter ce passage que je l'ai cité ; mais seulement pour donner une idée jusqu'où va l'orgueil et la méchanceté des libéraux. Vengeance, rigueurs et humiliations, voilà tout ce que peut donner cette patrie dénaturée que nous prépare le libéralisme, et quelles consolations a-t-elle offertes tant qu'elle a seule régné en souveraine ; et quelles consolations présente-t-elle aujourd'hui? De nouvelles rigueurs et de nouvelles humiliations.

Après avoir bien prouvé selon son opinion que les émigrés ont grand tort de regretter leurs biens, et qu'ils devraient dire aux nouveaux propriétaires :

> Vous nous fîtes, seigneur,
> En nous croquant, beaucoup d'honneur.

Il passe aux déboires que les nouveaux propriétaires, s'il faut l'en croire, ont à souffrir, et dont M. Kératry accuse d'un côté les émigrés, de l'autre le gouvernement qui, dit-il, les protége, enfin les missionnaires qui doivent nécessairement se trouver en si bonne compagnie. Je suis convaincu que le gouvernement fait tout ce qu'il peut pour éviter aux possesseurs des biens nationaux des inquiétudes sans fondement, des désagrémens qui l'affligent;

mais voyons si ces inquiétudes, si ces désagrémens ne sont point par malheur tellement
inhérens à la nature de cette propriété, qu'elles
doivent subsister toujours, quelques mesures
que le gouvernement puisse prendre pour les
détruire. Je ne parle pas de la répugnance naturelle qu'un émigré rentrant doit éprouver à
se trouver journellement avec le nouveau pos-
sesseur du champ où il a reçu le jour, et de la
gêne qui peut en résulter dans le commerce de
la vie. Ce désagrément ne pourrait s'écarter
qu'en renvoyant les émigrés hors de France
pour la plus grande tranquillité des autres. Je ne
parle pas non plus de l'espèce d'orgueil invo-
lontaire qu'éprouvent ceux qui n'ont jamais
possédé des biens nationaux, orgueil que M. Kératry partage lui-même quand il dit : « Ce genre de
propriété *dont je n'ai pas une obole que personne
puisse réclamer,* » Je soutiens que cette phrase de
M. Kératry doit causer plus d'inquiétude aux
possesseurs de biens nationaux que les réclamations des émigrés et les sermons des missionnaires : car si un doctrinaire, un démocrate,
un défenseur des doctrines libérales et de la révolution *se glorifie* de n'en point posséder,
qu'en doivent conclure les possesseurs ? En at-
tendant je conçois que quand on a l'esprit sub-

til et la profonde logique de M. Kératry, on puisse parvenir à se persuader que ce qui est injuste ne l'est pas, et que la révolution n'est pas un crime ; mais la plupart des hommes plus simples et qui ne scrutent pas assez profondément la vérité pour ne savoir plus la distinguer de l'erreur, éprouvent toujours malgré eux une espèce de répugnance à acheter un bien dont les titres ne sont pas dans la plus parfaite règle. Aussi, lors des premières ventes, n'y eut-il peut-être pas un seul bien national qui rapportât plus de la moitié de sa valeur ; et depuis, toutes les ventes qui ont été faites, soit sous la république, soit sous Buonaparte, soit après la restauration, ont offert une différence plus ou moins considérable au désavantage de ces biens ; et il est si peu vrai que cette différence soit la suite d'un système habilement calculé, qu'elle est moins sensible aujourd'hui qu'elle ne l'était dans le temps de la plus grande puissance de Buonaparte. Pourquoi cela ? C'est que l'homme a intérieurement un sentiment d'équité qui parle plus haut que les sophismes des gens à systèmes et que les lois d'occasion. Je soutiens de plus que de tous les acheteurs de biens nationaux, à l'exception d'un petit nombre de cas particuliers de convenance, il n'y en a pas un seul qui, à *prix égal*, n'eût préféré un bien patrimonial, et cela à quelque époque que ce ce soit. Ils les ont donc achetés parce qu'ils y trouvaient un avantage : cet avantage était dans le prix, et provenait de la qualité même des biens. Dès-lors, ni Charte, ni lois, ni encouragemens, n'étoufferont la voix intérieure de la conscience, qui nous dit que, devant Dieu, nous ne sommes légitimes possesseurs que des biens dont nous avons payé la pleine et entière valeur. Deux siè-siècles se sont bientôt écoulés depuis les confiscations exercées en Irlande par les Anglais, et les biens confisqués, après d'innombrables mutations, ne sont pas encore parvenus à reprendre leur rang auprès des autres terres du royaume.

C'est avec regret que je me suis si fort étendu sur un sujet aussi délicat. M. Kératry m'accusera sans doute d'ajouter aux cruelles persécutions qu'éprouvent les propriétaires de biens nationaux ; qu'il ne s'en prenne qu'à lui-même : s'il remplit un ouvrage de raisonnemens faux et dangereux, il faut qu'il s'attende à être combattu. Les libéraux ont eu jusqu'à présent trop d'avantage sur ce point ; parce que les royalistes ont cru devoir sacrifier leurs irrésistibles argumens à l'amour de la paix et à la soumission aux lois.

M. Kératry passe des biens nationaux à la loi des élections.

« C'était le côté gauche qui effrayait, » s'é-crie-t-il : « on a eu tort. Sur quinze députés de ma province qui siégeaient sur la gauche, j'atteste qu'il n'y en a pas un seul qui ne fût resté fidèle à son serment. » Je ne doute pas des intentions excellentes des collègues et surtout des compatriotes de M. Kératry ; mais toutefois il est bon de s'expliquer, et de savoir ce qu'ils auraient entendu par *fidélité*. Je suppose que l'armée, organisée selon les désirs de M. Kératry, eût eu une petite velléité de révolution bénigne à la façon de Quiroga , quel parti auraient pris les collègues de M. Kératry ? Se seraient-ils mis entre le Roi et l'armée, et auraient-ils défendu la Charte, *telle qu'elle est*, aux dépens de leur vie? Hélas! je crains bien que non : car M. Kératry est homme avant d'être citoyen, et dès-lors il ne faut répondre de rien. Si le côté gauche eût balancé un instant, on avait raison de le craindre.

M. Kératry prétend que, par la nouvelle loi, la noblesse de province est reconstituée, et jouit d'une double représentation. Il se peut qu'il y ait quelques départemens où la noblesse ancienne possède encore beaucoup de terres, mais, certes, il y en a un grand nombre où la majorité du grand collége est composée de roturiers : M. Kératry ne pourra le nier ; que devient donc son raisonnement ?

« Ce n'est pas au système représentatif que le privilége en veut, » ajoute M. Kératry ; « il se contentera du nouveau régime, si on lui laisse exclusivement le soin de l'administrer. » Voilà une concession importante. On ne veut donc pas la contre-révolution ; on se contente donc du système représentatif. Il me semble que si M. Kératry avait envie de faire un tel aveu, il aurait pu s'épargner la peine d'écrire son ouvrage. Il est vrai qu'il dit ensuite que *le privilége* veut avoir exclusivement le soin d'administrer le système représentatif. Cette phrase ne prouve autre chose, sinon que M. Kératry, toujours amoureux de sa *démocratie* tempérée, ne veut point d'une *monarchie* tempérée, et qu'il ne la comprend pas. Dans toute monarchie, dans tout état, il existe une partie aristocratique et une partie démocratique. La dissémination des propriétés, dont il est si grand admirateur, et pour cause, peut bien diminuer la force de la partie aristocratique, mais n'occasionnera jamais l'effet d'une loi agraire, parce que cet effet est contraire à la nature des choses. Si toute la partie aristocratique de la France se trouvait dans la Chambre des Pairs, on pourrait, avec moins d'inconvénient, diminuer son influence dans la Chambre des Communes ; je dis diminuer, car il faut toujours qu'elle en ait plus ou moins pour éviter l'état de guerre où mettrait une égalité parfaite entre les deux partis, dont l'un a intérêt de conserver et l'autre de renverser, ou du moins d'usurper. Or, la Chambre des Pairs n'étant point encore, en France, ce qu'elle doit être et ce qu'elle deviendra, il est de toute nécessité que, dans l'intervalle, la partie aristocratique de la nation ait une influence plus grande dans l'autre Chambre, sans quoi la première ne tarderait pas à disparaître : nous retomberions dans la constitution de 1791 ; et nous savons où elle conduirait la monarchie.

Quand la Chambre des Pairs aura pris, avec le temps, le rang qu'elle doit occuper, la Chambre des Communes, qui aujourd'hui paraît trop aristocratique, sera peut-être trop démocratique, quoique composée des mêmes élémens. Tous les grands propriétaires, tous les nobles même qui y siégent, parce qu'ils ne seront point pairs, seront jaloux d'une pairie, qui maintenant ne tente pas, et la balance s'établira. Cette balance ne sera point parfaite, parce qu'elle ne doit point l'être, parce que le gouvernement s'arrêterait, faute d'impulsion et par un équilibre trop juste. Mais on verra tantôt un parti, tantôt l'autre triompher, comme en Angleterre, et le plus sage, le plus modéré des deux sera celui qui tiendra le plus souvent et le plus long-temps les rênes. Telle est la marche d'un gouvernement représentatif parfaitement établi ; et M. Kératry, pour appartenir aujourd'hui au parti de l'opposition, c'est-à-dire au parti qui n'est point en place, ne doit pas penser que la chose publique soit perdue, surtout s'il veut une *monarchie tempérée*, et s'il avoue, ce dont je prends acte, que le privilége, c'est-à-dire la noblesse ou les royalistes, n'en veut point au système représentatif.

J'aime à donner parfois des éloges même à ceux que je combats. Je conviendrai donc que la distinction que fait M. Kératry entre la nomination de M. Fouché au ministère, et celle de M. Grégoire à la Chambre est aussi juste qu'ingénieuse ; mais je ne pense pas, comme lui, que la représentation nationale eût été perdue, si M. Grégoire eût été exclu de la Chambre pour cause d'indignité. Un corps ne se perd point en maintenant sa considération. La nomination de ce

membre avait été une offense au corps tout entier ; et je ne sais pas si, constitutionnellement,
les Chambres réunies n'auraient pas pu priver le
département de l'Isère du droit d'envoyer des
représentans à celle des Députés, pendant un
certain nombre de sessions, ou ce qu'on appelle
en Angleterre le *défranchiser.*

Comparant Louvel à Ravaillac, M. Kératry
demande pourquoi la liberté n'aurait pas ses
fanatiques comme la religion. Je répondrai d'a-
bord qu'il ne s'agit point ici de liberté, mais
de révolution et de licence : aussi M. Kératry
se garde bien de comparer Louvel à Brutus. Je
dirai ensuite que le fanatisme de la liberté est
nécessairement atroce, parce qu'il est froid et
raisonné : il vient de la tête et tire son origine
d'un sentiment d'égoïsme. Celui de la religion,
au contraire, vient du cœur; il est désintéressé,
ou du moins sans intérêt du monde ou d'amour-
propre. Je ne le justifie point : il doit être ré-
primé comme tout autre fanatisme. Je déteste
Ravaillac autant que Louvel ; mais je méprise
encore Louvel. Il me semble que Ravaillac,
bien guidé, eût pu être un honnête homme,
tandis que Louvel n'eût jamais été qu'un scé-
lérat.

L'attentat de Louvel ayant été le signal d'un

changement dans le système du Gouvernement, il était tout simple que M. Kératry trouvât qu'il a été le coup de mort porté à la liberté. En effet, la liberté étant, aux yeux de certaines personnes, l'opposé de la justice, quand la justice reprend son empire, la liberté de ces personnes-là court de grands risques. Il est, je pense, inutile que je suive M. Kératry dans toutes les preuves qu'il prétend donner de l'état d'esclavage dans lequel nous gémissons depuis un an. Je n'en citerai qu'une ou deux; elles feront juger du reste.

Selon lui, dans l'affaire de Gravier, la peine infligée a paru sans proportion avec le *délit*; et c'est *pour cela* que la France entière n'a point mis en doute que sa grâce ne fût prononcée. Je conviens de la vérité de cette dernière assertion; mais je nie franchement la cause à laquelle M. Kératry l'impute. Si la France entière s'attendait à ce que Gravier obtînt sa grâce, c'est qu'elle savait que jamais les Bourbons, quand ils ont pu s'en empêcher, n'ont puni un attentat contre leur personne; c'est que l'infortuné duc de Berri est mort en demandant la grâce de l'*homme*, et que son âme toute entière semblait être passée dans celle de sa veuve magnanime. Mais pour le *crime* de Gravier, que

M. Kératry se plaît à appeler un *délit*, il était
la suite naturelle de celui de Louvel ; le même
esprit l'animait : il était peut-être plus atroce
encore ; et la seule différence qu'il y ait entre
eux, c'est que l'un a réussi, et que l'autre a
échoué pour le bonheur de la France et du
monde.

A l'occasion de la censure, M. Kératry im-
prime, en notes, plusieurs de ses articles que
les censeurs n'ont pas voulu admettre dans *le
Courrier Français*. Je respecte infiniment les
décisions de MM. de la commission ; mais je
crois qu'ils auraient pu, sans inconvénient,
laisser à M. Kératry la petite satisfaction de voir
imprimer ses articles. I's sont encore plus en-
nuyeux que dangereux ; et je ne pense pas
qu'ils auraient eu beaucoup d'autres lecteurs
que les *pères de famille* qui ont pris des intérêts
dans le *Courrier*, et dont M. Kératry craint si
fort de compromettre la propriété.

J'ai déjà dit, dans un autre chapitre, ce que
je pensais sur l'influence ministérielle dans les
élections, je ne puis qu'y renvoyer mes lecteurs.

M. Kératry résume ce qu'il a dit dans une
série de demandes : j'ai répondu à fur et à mesure à la plupart d'entre elles : je ne répéterai
donc pas ce que j'ai dit. Il le termine par ces

mots : *Voilà la France telle que vous l'avez faite!* Je dirai à mon tour : *Voilà la France telle que vous l'avez rêvée !*

~~~~~~~~~~~~~~~~~~~~~~~~~~~~~~~~~~~~~~~~~~~~~~~~~~~~

## CHAPITRE V.

### De la justice de M. Kératry.

————

Au lieu de répondre aux argumens de M. Kératry, à mesure qu'ils se présentent, comme je l'ai fait dans les chapitres précédens, je vais, à l'égard de celui-ci, rassembler en peu de lignes la quintessence de ses principes sur l'administration de la justice : je réponds que l'on y verra de belles choses.

« C'est par un oubli formel de ses devoirs qu'un juge se déclare ennemi de la révolution..... De là ces réquisitoires passionnés de la partie publique contre de malheureux jeunes gens qui, persuadés avec motif qu'il s'agit aujourd'hui de leur sort futur, *n'ont pu contempler nos débats d'un œil indifférent.....* Les courses avec attroupemens dans les faubourgs sont blâmables, *moins par le fait* que comme rappelant
~~~~~~~~~~~~~~~~~~~~~~~~~~~~~~~~~~~~~~~~~~~~~~~~~~~~

des époques malheureuses... Nous vivons dans un gouvernement représentatif, qui doit avoir ses moyens d'approbation et d'improbation , et lorsque celles-ci n'inquiètent ni les personnes, ni les propriétés, la manifestation ne peut être que surveillée , mais non punie ou réprimée... Voulez - vous que la jeunesse n'encourage pas les hommes qu'elle regarde comme plus spécialement voués à sa défense , et les voyant menacés, ne cherche pas à les protéger *de son nombre et de son attitude ?*.... Dans l'affaire de la souscription nationale, les souscripteurs ont cru pouvoir tendre la main à ceux que l'on *s'apprêtait* à frapper. Vous leur avez reproché de frapper votre loi de discrédit. »

Je pourrais me dispenser de rien dire après avoir transcrit ce qui précède ; mais je ne puis me refuser à la satisfaction d'expliquer nettement ma pensée à M. Kératry :

Un juge, selon moi, ne peut remplir ses devoirs qu'en se déclarant ennemi irréconciliable de la révolution, prise dans un sens abstrait. Ce n'est qu'au moyen de cette inimitié bien profonde qu'il sentira que les courses avec attroupemens dans les faubourgs sont blâmables *précisément par le fait* et que le souvenir des époques malheureuses n'y ajoute pas un iota de culpabilité. Il verra aussi que, sans exiger que les jeunes gens contemplent les débats législatifs d'un *œil* indifférent, on peut très-bien vouloir que leurs *bras* conservent de l'indifférence, et que rien n'est plus inconstitutionnel que de protéger les représentans *par son nombre et son attitude.* Je ne dis rien de la manie de mettre en action la jeunesse à qui son âge n'accorde encore aucune part au gouvernement. Remarquez d'ailleurs que ce n'est point, quoi qu'on en dise, contre des étrangers qu'on s'offre à les protéger ainsi, mais contre leurs propres collègues, et que *protéger* des hommes spécialement voués à votre défense par votre nombre et votre attitude, c'est absolument la même chose qu'*effrayer* ceux qui opinent contre vous. C'est transporter les délibérations de l'enceinte des chambres sur la place publique. C'est renverser le gouvernement représentatif pour créer celui de la multitude. Par la même raison le gouvernement représentatif ne doit avoir d'autres moyens d'approbation et d'improbation que les écrits. Les anciens n'ont point connu le gouvernement représentatif, parce qu'ils ne connaissaient point l'imprimerie. La presse remplace chez nous les assemblées populaires ; et que M. Kératry ne dise point qu'elle n'est pas libre : si elle ne l'était pas, M. Kératry n'aurait pas publié sa brochure.

La manifestation des sentimens du peuple ne peut être réprimée tant qu'elle n'inquiète ni les personnes ni les propriétés, dites-vous : mais dans quelles occasions possibles la libre manifestation des sentimens du peuple n'inquiétera-t-elle pas les personnes et les propriétés ? Les citoyens paisibles peuvent-ils passer au milieu d'un rassemblement de deux à trois mille personnes sans courir le risque d'être insultés , sans être presque toujours forcés à exprimer à haute voix des sentimens que souvent leur cœur réprouve ? Et si ceux qui ne sont pas du même avis que le premier rassemblement, se rassemblent à leur tour, la place publique pourra-t-elle ne pas s'ensanglanter ? Et les filous et les voleurs manquent-ils jamais de profiter d'un rassemblement politique pour inquiéter aussi les propriétés ? Voilà où conduisent les systèmes privés de raison, et l'envie de défendre les révolutions et l'amour des *démocraties tempérées*.

Il est faux que l'on ait reproché aux signataires de la souscription nationale de frapper la loi de discrédit, mais de faire ce qui dépendait d'eux pour cela. Or, dans toute société organisée, il est défendu de chercher à discréditer les lois. La plus saine, la plus utile peut être rendue vaine de cette manière. On ne vous empêchait pas d'offrir tous les secours possibles aux condamnés *après* leur condamnation ; mais en les leur promettant d'avance vous les encouragiez à désobéir, et vous étiez criminels, puisque cette loi, mauvaise selon vous, était bonne selon d'autres, et surtout puisqu'elle avait été portée par la majorité des chambres légalement nommées. Il arrive tous les jours qu'un crime offre des circonstances atténuantes qui intéressent en faveur du coupable ; mais je suppose qu'il se formât une société, dont le but avoué d'avance serait de faire évader tous les criminels condamnés, qu'en diriez-vous ? Hé bien, voilà la souscription nationale.

## CHAPITRE III.

**De l'état actuel du culte et de l'instruction publique selon M. Kératry.**

« Le ressort du catholicisme avait bien peu de détente, il y a trente ans, dans les rangs les plus élevés de la société, et nos troubles publics nous ont pris presque sans religion. Ce ne sont pas eux qui ont renversé cette barrière ; la noblesse et le haut clergé leur en avaient épargné le soin. »

Dans ce passage que j'ai copié textuellement de la brochure de M. Kératry, il y a malheureusement beaucoup de grandes vérités, d'où de plus grandes vérités encore découleront. Nos troubles nous ont pris sans religion : de là leur durée, leur froide atrocité, l'esprit mercantile qui en a marqué tout le cours. De là la difficulté que la société éprouve à se rétablir sur ses bases. Il n'y a plus de centre d'unité ; les hommes séparés d'opinions sur un seul point, le sont surtout parce qu'il n'y a rien qui tende à les réunir.

Ce ne sont pas nos troubles qui ont renversé cette barrière, dit M. Kératry. Ceci n'est vrai que jusqu'à un certain point. Nos troubles ont trouvé la barrière fort ébranlée, et ce sont eux qui l'ont couchée dans la poussière. De même la noblesse, et peut-être encore le haut clergé, avaient contribué à ébranler la religion ; mais ce n'est pas à eux seuls que ce reproche appartient. Ce sont les gens de lettres qui, devenus gens du monde, ont instillé dans la société le poison de leurs pernicieuses doctrines. Ce sont eux qui depuis cinquante ans calculaient froidement la chute de l'autel et du trône, en renversant l'hiérarchie des vertus et des vices.

On n'a peut-être pas asssez réfléchi à l'influence qu'a eue sur les mœurs et sur les opinions, la fausse direction donnée par les écrivains à l'admiration qu'inspire la vertu. L'essence de la vertu est d'être simple et modeste, et l'on établissait partout des couronnes et des prix pour ce qui, semblable à l'escarboucle, n'a de lustre que dans l'obscurité. La piété était un objet de dérision. Les romans n'appelaient l'intérêt que sur des femmes faibles. C'étaient là les attaques cachées; tandis que les plus impudens, tels que Voltaire et ses disciples, parlaient d'écraser l'infâme.

Je ne puis me refuser à citer un seul trait, parmi mille, de ce renversement dans l'ordre des vertus. L'amour filial est sans contredit aujourd'hui l'une de celles qui sont le moins en honneur. Un père n'est rien auprès d'une maîtresse; mais il est beaucoup quand on le compare à Dieu. Un célèbre philosophe du siècle dernier a un enfant encore vivant. C'est une personne honnête et qui ne demandait pas mieux que d'avoir de la religion; mais elle n'ose. Elle est athée *par respect pour la mé-*

*moire de son père.* Un seul trait comme celui-là, et j'en garantis l'authenticité, suffit pour faire juger un siècle et une nation.

M. Kératry partage l'avis de tous les honnêtes gens sur la nécessité du rétablissement de la religion en France; mais il est difficile d'entasser un plus grand nombre d'absurdités qu'il n'en réunit dans les moyens qu'il indique pour parvenir à ce but salutaire. Il est peut-être plus difficile encore de les montrer au doigt et de les réfuter, parce que souvent elles ne consistent que dans un seul mot jeté au milieu d'une phrase en apparence raisonnable, mais qui en pervertit le sens et l'intention. Sachant l'éloignement du peuple pour la religion, elle ne devait pas, dit M. Kératry, se présenter avec un caractère d'hostilité (j'en conviens) en face d'une population *instruite*. Voilà le mot perfide. N'est-ce pas dire que la population est éloignée de la religion, *parce qu*'elle est instruite, et que la religion devait par conséquent se plier à l'instruction du peuple? On ne croira peut-être pas que ce soit là l'intention de M. Kératry. Qu'on lise ce qui suit. M. Kératry voudrait que les ecclésiastiques dissent au peuple : le mouvement de l'époque présente est beau, il est généreux, etc. Il voudrait aussi qu'ils gardassent une neutralité parfaite entre les intérêts actuellement aux prises.

La théologie de M. Kératry n'est pas des plus orthodoxes : aussi je doute fort qu'avec la meilleure volonté du monde l'église française se fût crue en conscience autorisée à toutes les concessions qu'il exige d'elle. M. Kératry voudra bien considérer qu'un doctrinaire peut avoir parfois deux poids et deux mesures, ainsi que je l'ai démontré plus haut ; mais l'église qui parle au nom de Dieu ne peut avoir qu'une seule vérité. Ce qui est juste pour elle dans un cas, doit l'être aussi dans un autre. L'église de France ne devait être ni noble, ni émigrée, ni tory, ni royaliste, dit M. Kératry. Sans doute elle ne devait être rien de tout cela pour des vues terrestres ; mais si les nobles, les émigrés, les torys, les royalistes avaient, religieusement parlant, la justice de leur côté, l'église ne pouvait pas non plus, par des vues tout aussi terrestres, capituler avec la justice et leur feindre des torts. Elle pouvait les engager à dissimuler ceux qu'on leur avait faits, à pardonner à leurs ennemis, à n'exercer aucune vengeance ; mais par la même raison, elle devait encore porter les autres, autant que possible, à réparer les injustices qu'ils avaient faites ou auxquelles ils avaient contribué.

Si je conviens avec M. Kératry que l'Eglise ne devait être ni noble, ni émigrée, ni tory, ni royaliste, il sera forcé de convenir avec moi qu'elle ne devait pas non plus se montrer roturière, propriétaire de biens nationaux, whig ou républicaine. « Il fallait garder une neutralité parfaite. » Cela est facile à dire ; mais je le veux bien encore, dès que l'on m'aura expliqué comment on garde une neutralité parfaite, quand on se trouve journellement en contact avec les passions des hommes, et que l'on est forcé par état, par conscience et par conviction, à ne rien négliger pour diriger ces passions vers la plus grande gloire de Dieu et vers le maintien de la justice éternelle.

Comme chez tous ceux qui attaquent la conduite du clergé, les reproches que M. Kératry lui fait, très-graves tant qu'il généralise, se réduisent à des bagatelles dès qu'il veut les spécifier. Le plus terrible de tous, est la réimpression d'une *Histoire de France* de Loriquet. Il est vrai que de l'aveu même de M. Kératry, tous les ecclésiastiques chargés de l'éducation de la jeunesse, ont constamment déclaré qu'ils ne se servaient point de cet ouvrage; des grandsvicaires l'ont désavouée ; le recteur de l'Académie de Lyon a dit qu'il ne se trouvait point entre les mains des élèves ; M. Royer-Collard a confirmé l'assertion du recteur de l'Académie ; tout cela ne suffit point à M. Kératry. Le libraire Rusand de Lyon vient d'en publier la septième édition ; or, le libraire Rusand de Lyon, qui s'entend sans doute en affaires, n'a pas envie de perdre son argent. Il s'ensuit donc que l'*Histoire de France* de Loriquet, ce livre abominable, qui à lui seul fait plus de mal que tous les ouvrages philosophiques de Voltaire, de Condorcet, de Diderot et d'Helvétius réunis, il s'ensuit, dis-je, que cette *Histoire de France*, ainsi parvenue incognito à sa septième édition, est remise apparemment en secret aux jeunes gens par des prêtres, afin qu'à l'aide de cette œuvre du démon, ils apprennent à renverser un jour en France le gouvernement représentatif et la *démocratie* tempérée.

Après ce reproche vient celui de se servir d'un catéchisme où il est ordonné de respecter les seigneurs de paroisse, et d'un autre qui, à l'article du mariage, ne dit mot du contrat civil. Je conçois que ce dernier crime passe vraiment toute mesure ; je le conçois, dis-je, parce que M. Kératry me l'assure : car du reste,

je ne sais pas précisément pourquoi un catéchisme qui nous apprend les dogmes, les mys-
tères et les devoirs de la religion, doit nécessairement faire mention d'un contrat civil, qui
n'a rien de commun avec la religion. On pourrait, ce me semble, avec tout autant de justice, exiger que le catéchisme offrît des ins-
tructions sur les baux et les hypothèques. De
cette manière, le Code civil tout entier y pas-
serait. Je serais tenté d'en offrir le conseil aux
pasteurs, mais ils pourraient être dupes s'ils le
suivaient : car je craindrais bien qu'on ne leur
imputât à crime les leçons qu'ils donneraient sur
l'article 1599.

La véritable régénération de la France se
fera sans contredit par le moyen de l'éducation.
Un écrivain politique qui traite de la situation
actuelle du royaume et de son avenir, manque
à l'un de ses premiers devoirs envers ses lecteurs et le public, en tronquant une partie
aussi essentielle de son ouvrage. C'est ce qu'a
fait M. Kératry. A peine dix pages sont-elles
consacrées à l'éducation, et sur ces pages il y
en a une qui présente une espèce de projet
d'éducation universelle pour toute la jeunesse
française. Elle se bornerait à un peu d'histoire
naturelle, à beaucoup de politique, et au

principes qui servent de base à TOUTES les religions.

L'éducation de la jeunesse est fautive aujourd'hui en France; tout le monde en convient : mais savez-vous ce que M. Kératry y trouve de plus blâmable ? C'est le renvoi de M. Cousin et le changement du nom de collége d'Harcourt en celui de collége de Saint-Louis. A l'occasion du renvoi de l'illustre professeur, M. Kératry donne dans une note le résumé de sa doctrine. Il faut que ce soit un chef-d'œuvre, car elle est bien difficile à comprendre. Je veux régaler mes lecteurs d'un exemple : « M. Cousin posait en principe que la concorde et la fusion des droits, des lois, des institutions, du gouvernement et de toutes ses parties, constituent l'unité de la vie sociale, et que le fond de cette unité est le sentiment universel du respect de la liberté, la prédominance des élémens supérieurs de l'humanité sur les passions et les caprices, le règne de la vertu, la réalisation de la sainteté de l'homme, le triomphe de l'esprit sur la matière!.... » Et voilà pourquoi votre fille est muette.

# CHAPITRE VII.

### Résumé de M. Kératry.

« Sɪ nous n'avons pas joué un rôle d'imposteur *déhonté* (éhonté, M. Kératry), et si le public n'a pas une double taie sur les yeux, il ré-
sultera, pour ce dernier, de la lecture des six
chapitres précédens, qu'en France toutes les
parties du service public, depuis une année
révolue, sont livrées à la contre-révolution. »

Résumons aussi, et voyons ce qu'il faudra
en conclure.

M. Kératry nous dit, page 65, que « confondre la révolution avec certains actes de la
révolution est une maladresse de quelques-uns
de ses plus honnêtes amis, et une adresse très-
subtile de presque tous ses ennemis. La révolution n'est ni dans la suppression de la dîme et
des droits féodaux, ni dans la vente des biens
de la couronne, de l'église et des émigrés. »

Je veux bien croire avec M. Kératry que ces
actes ne sont pas toute la révolution, mais je
n'en suis pas moins convaincu aussi que si ces

actes n'avaient pas eu lieu, la révolution n'aurait guère d'amis en France, malgré les belles choses qu'elle nous a données.

Après nous avoir dit ce que la révolution n'est pas, M. Kératry ne nous dit pas ce qu'elle est. Il nous laisse le soin de le deviner. Persuadé qu'un doctrinaire ne peut vouloir que le bien de son pays avec le plus grand désintéressement, je me dis que c'est dans l'établissement du gouvernement représentatif que gît la révolution. Or, je vois, page 36, que « Ce n'est pas au système représentatif que le privilége en veut : ce n'est pas l'ancien régime que ses vœux rappellent ; il se contentera du nouveau. »

Il suit de là, M. Kératry, que, quoique je sois loin de vous traiter d'imposteur éhonté, je ne saurais pas non plus convenir que vous ayez démontré que toutes les parties du service public sont livrées à la contre-révolution.

On inquiète, dites-vous, les acheteurs de biens nationaux ; mais vous détruisez vous-même le parti que vous pouviez tirer de cet argument, en disant que ce n'est pas là la révolution. La révolution est l'établissement du système représentatif, et l'on n'attaque pas le système représentatif. Qu'avez-vous donc prouvé? Je vais vous le dire.

Le titre de votre brochure, votre avant-propos, vos six chapitres, votre résumé, y compris votre adresse au peuple français et votre pétition au Roi ; vos notes si amusantes par l'exposé des leçons de M. Cousin, par les fables de M. Valentin la Pelouze, mais surtout par l'agréable journal de votre voyage en Bretagne: tout cela prouve, M. Kératry, que VOUS N'ÊTES PLUS EN PLACE ET QUE VOUS VOUDRIEZ BIEN Y ÊTRE. On a beau tourner et retourner votre ouvrage dans tous les sens, le commencer par le commencement ou par la fin, c'en est là le seul et unique résultat et le véritable résumé. C'est par là aussi que je terminerai ma réponse, et si un esprit non prévenu me montre une ligne d'où cette induction ne puisse se tirer directement ou indirectement, je consens à vous donner gain de cause.

FIN.

# TABLE

## DES CHAPITRES.



FIN DE LA TABLE.


ADRIEN ÉGRON, IMPRIMEUR,
rue des Noyers, nᵒ 37.